Łdakát adátx'i atxh sitee

Ts'ídāne dege lēgūt'ē

Xwexwéyt re Stsmémelt

Enso Binoojiinh Piitendaagzi

ᑕᐦᑐ ᐊᐚᓯᐢ ᐃᐢᐱᐦᑌᔨᐦᑖᑯᓯᐤ

ᓱᕈᓯᑕᒫᑦ ᐱᒻᒪᕆᐅᔪᑦ

Kahkiiyow Lii Zaanfaan akishoowuk

U, XÁXE MEQ TŦE S̲TELIT̲K̲EȽ

Chaque Enfant Compte

wə ƛ̓iʔ tə steʔəxʷəɬ tə mək̓ʷ wet

tahto awāsis ispihtēyihtākosiw

Je dédie ce livre à ma grand-mère, Lena Jack, qui n'a pas eu le choix d'envoyer ses 10 enfants au pensionnat. Je ne peux pas m'imaginer la douleur de se faire enlever ses enfants et de ne pouvoir rien faire pour l'empêcher. Grand-mère était un véritable pilier pour notre famille, notre matriarche et elle nous manquera toujours terriblement.

Ce livre est en souvenir de toi.

~ Phyllis Webstad

Je dédie ce livre à mon défunt oncle Victor, qui a été forcé de fréquenter le pensionnat autochtone de Kamloops. Il était un chasseur, un locuteur de la langue et un oncle aimant pour ses nièces et ses neveux. Son esprit anime toujours les membres plus jeunes de sa famille qui continuent de pêcher, de chasser, de chanter et de s'épanouir sur le territoire.

~ Karlene Harvey

Lignes d'écoute canadiennes sans frais

Ligne d'écoute téléphonique nationale des pensionnats indiens (24 heures sur 24) : 1-866-925-4419
Ligne d'écoute espoir : 1-855-242-3310
Jeunesse, j'écoute : 1-800-668-6868
Service canadien de la prévention du suicide : 1-833-456-4566
Urgences : 9-1-1

CHAQUE ENFANT COMPTE

Phyllis Webstad

Karlene Harvey

Depuis la nuit des temps, les peuples autochtones vivent sur l'Île de la Tortue, célébrant, pratiquant et honorant nos propres cultures autochtones.

Depuis la nuit des temps...

nos danses sont dansées.

nos chansons sont chantées.

Łdakát adátx’i
atxh sitee

Ts’ídāne
dege
lēgūt’ē

Xwexwéyt re
Stsmémelt

Enso Binoojiinh
Piitendaagzi

ᑕᐦᑐ ᐊᐚᓯᐢ
ᐃᐢᐱᐦᑌᔨᐦᑖᑯᓯᐤ

Kahkiiyow
Lii Zaanfaan
akishoowuk

ᓱᕈᓯᓚᒫᑦ
ᐱᒻᒪᕆᐅᔪᑦ

U, XÁXE
MEQ TŦE
S_T_ELI_T_K_EŁ

wə ƛ̓iʔ tə
steʔəxʷəɬ
tə mək̓ʷ wet

tahto awāsis ispihtēyihtākosiw

nos langues sont parlées.

Depuis la nuit des temps...

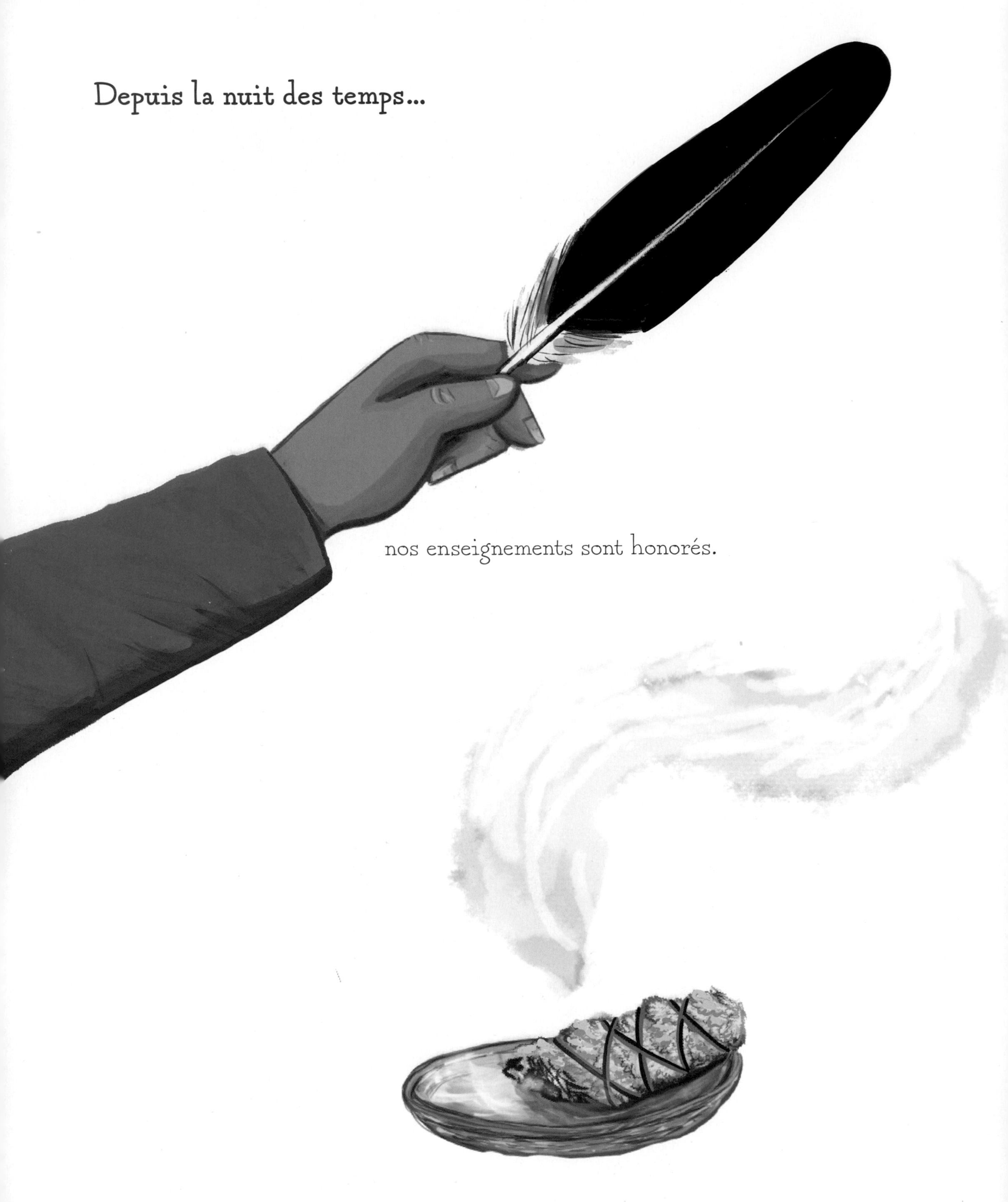

nos enseignements sont honorés.

nos cérémonies sont aimées.

nos cultures sont pratiquées.

nos familles sont rassemblées.

Pendant de nombreuses années, les peuples autochtones se sont fait dire que notre façon de vivre n'était pas bonne et que nous devrions changer qui nous sommes. Un système a été créé pour nous empêcher d'être qui nous devrions être : des peuples autochtones. Ce système s'appelait les pensionnats.

À cause des pensionnats, des milliers d'enfants autochtones...

ont dû quitter leur maison et leur famille.

ont été forcés d'arrêter de parler leur langue.

Au pensionnat, des milliers d'enfants autochtones...

ont été dépouillés de leur identité.

se sont sentis seuls et effrayés, comme s'ils ne
comptaient pas.

Au pensionnat...

nos danses ont été bannies.

nos chansons ont été bâillonnées.

nos langues ont été
réduites au silence.

nos enseignements ont
été dépouillés.

nos cérémonies ont été attaquées.

nos cultures ont été
couvertes de honte.

nos enfants ont été enlevés.

Je m'appelle Phyllis et je fais partie de ces enfants.

Quand j'avais six ans, ma grand-mère m'a acheté un nouveau chandail orange pour ma première journée d'école. Remplie d'excitation, j'ai mis mon chandail orange. Je suis montée dans l'autobus et on m'a emmenée au pensionnat situé à deux heures de ma maison et de ma famille.

On a coupé mes cheveux.

Je ne pouvais pas vivre avec ma famille.

Je me sentais seule et confuse.

Je ne me sentais pas aimée, je me sentais abandonnée.

Personne ne m'a expliqué pourquoi je ne pouvais pas aller chez moi.

C'était des moments très difficiles.

Je me sentais comme si je ne comptais pas.

Après 300 jours, je suis finalement revenue chez moi.
Des milliers d'enfants n'ont pas eu cette chance.
Pendant longtemps, j'ai cru que je ne comptais pas.
Je n'étais pas la seule.

Aujourd'hui, je sais que ce n'est pas vrai.

Je sais maintenant que j'ai le droit de marcher sur cette terre et de respirer cet air comme tout le monde.

Les autres ne sont pas meilleurs ou moins bons que moi.

Je compte.

Malgré les pensionnats dans notre histoire,
nous allons continuer à ...

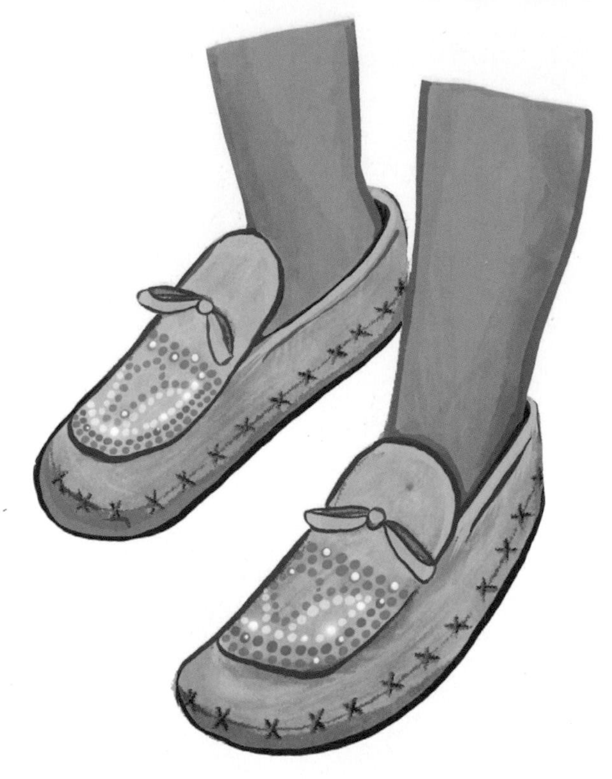

danser nos danses.

chanter nos chansons.

parler nos langues.

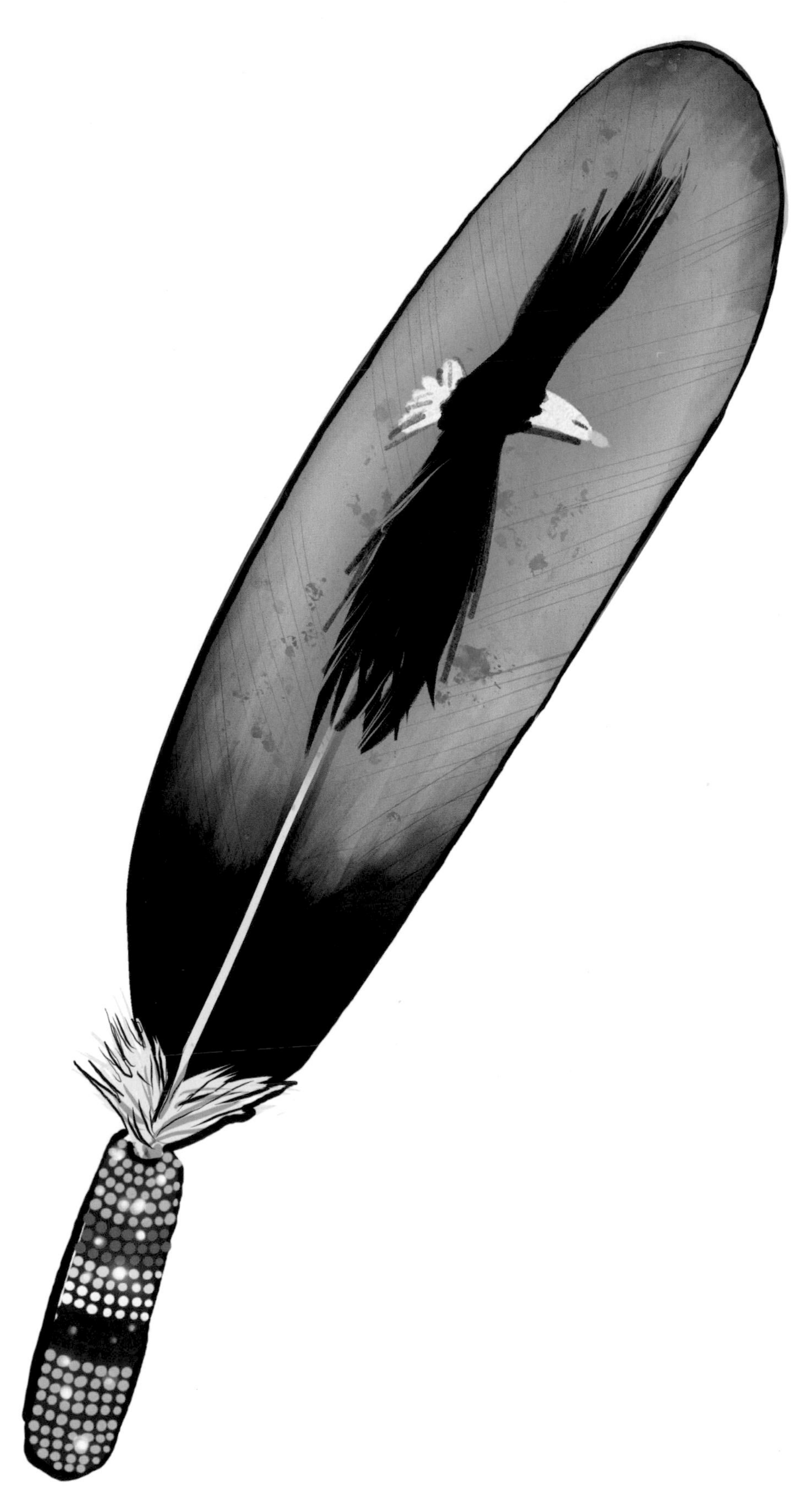

maintenir nos enseignements.

Malgré les pensionnats dans notre histoire,
nous allons continuer à...

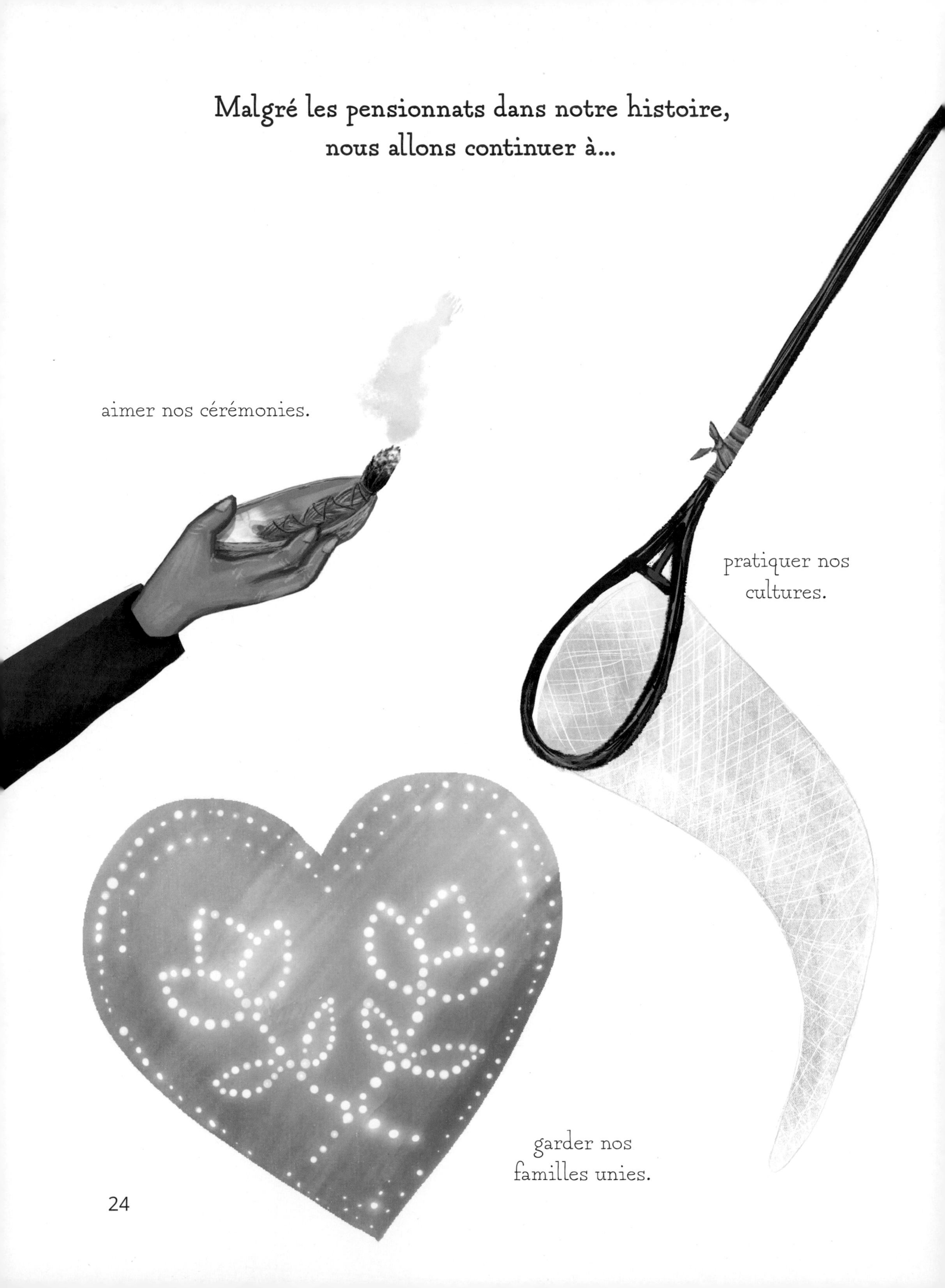

aimer nos cérémonies.

pratiquer nos cultures.

garder nos familles unies.

Nous restons forts. Nous restons résilients. Nous avons survécu.

Nous comptons.

Chaque enfant compte.

Si vous êtes un survivant des pensionnats...

Vous comptez

Si vous êtes un membre de la famille d'un survivant des pensionnats...

Vous comptez

Pour les enfants qui ne sont pas revenus à la maison…

Vous comptez

L'enfant en chacun de nous compte.

Vous comptez

Peu importe la couleur que vous êtes dans la roue médicinale, vous comptez.
Chaque enfant compte dans le passé, le présent et l'avenir.

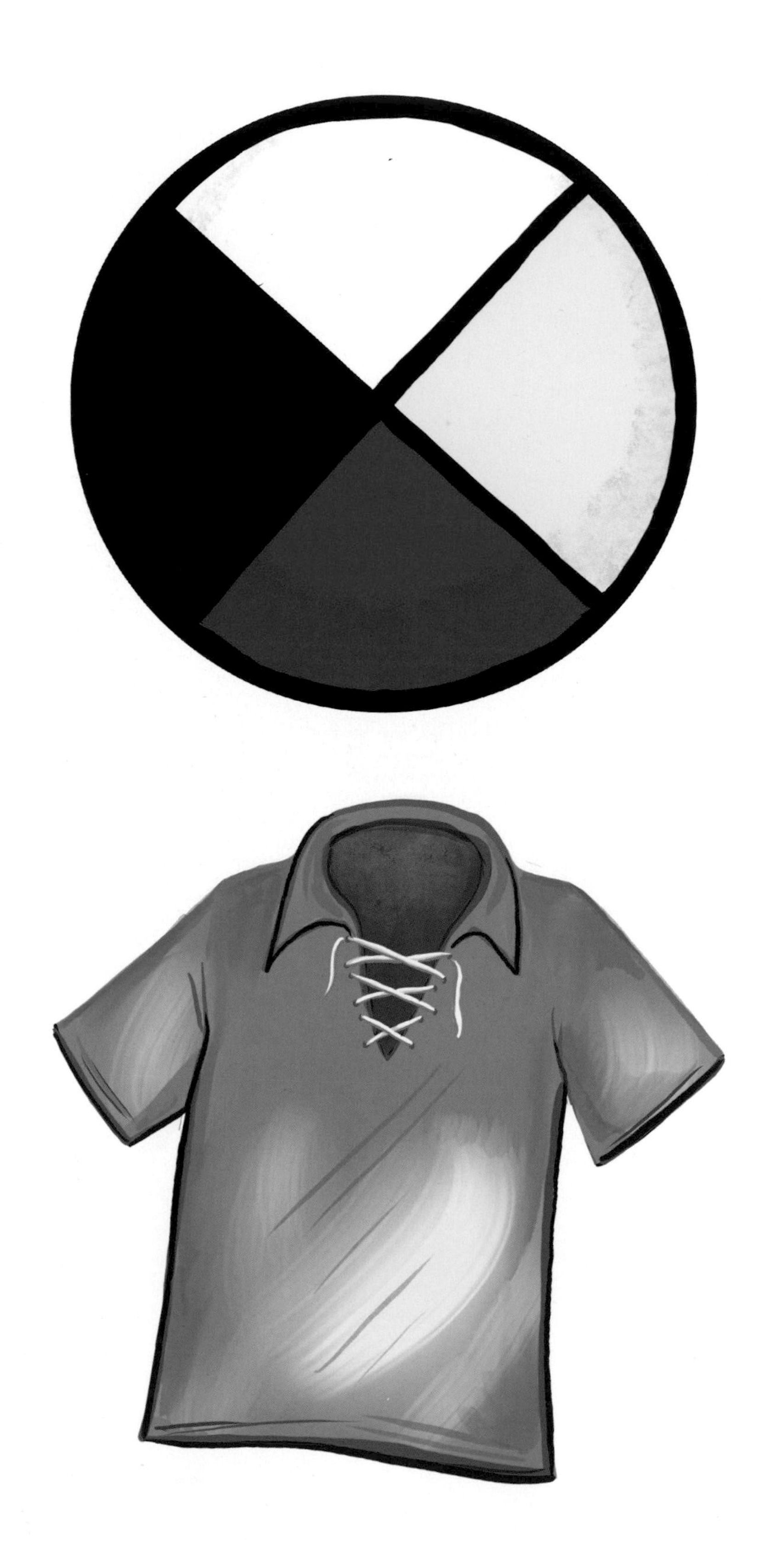

CHAQUE ENFANT
COMPTE

Les pensionnats autochtones ont maintenant définitivement fermé leurs portes.

Phyllis et sa famille découvrent leur culture et la célèbrent. Phyllis sait ce que ça veut dire d'être Secwépemc du Nord et elle est fière de qui elle est et de qui son peuple est.

Journée du chandail orange – 30 septembre

Cette année (2023) marque le 10e anniversaire du mouvement Chaque enfant compte : Journée du chandail orange. Chaque année, le 30 septembre, plusieurs personnes, y compris Phyllis, portent un chandail orange vif en hommage aux Survivants et Survivantes des pensionnats et leurs familles et en souvenir des enfants qui ne sont pas revenus à la maison. En 2021, la Journée du chandail orange est devenue un jour férié décrété par le gouvernement fédéral au Canada appelé la Journée nationale de la vérité et de la réconciliation, qui en est maintenant à sa troisième année. La Journée du chandail orange et la Journée nationale de la vérité et de la réconciliation sont une occasion pour les peuples autochtones et non autochtones d'entretenir des conversations sur tous les aspects de la réconciliation avec les pensionnats.

L'histoire vraie de Phyllis est une parmi tant d'autres. Nous devons écouter ces histoires et nous devons apprendre de notre passé. Ainsi, nous pouvons nous tourner vers l'avenir sans répéter les mêmes erreurs. Quand nous portons nos chandails orange pour la Journée du chandail orange, nous réaffirmons que Chaque enfant compte : les Survivants et Survivantes des pensionnats et leurs familles, les enfants autochtones qui ne sont pas revenus à la maison et les enfants de chaque nation dans le monde.

Phyllis Webstad (née Jack) (l'auteure)
En tant que fondatrice de la Journée du chandail orange pour la Orange Shirt Society, Phyllis Webstad, une survivante des pensionnats, facilite le dialogue sur le système des pensionnats indiens et crée un espace pour la guérison, la vérité et la réconciliation.

Au cours de sa carrière, Phyllis a obtenu un diplôme en administration des affaires du Nicola Valley Institute of Technology et un diplôme en comptabilité de la Thompson Rivers University (TRU). En 2022, Phyllis a reçu un doctorat honorifique en droit de la Ontario Tech University pour défendre les droits des peuples autochtones.

Phyllis est une auteure publiée et plusieurs de ses livres sont des succès de librairie. Dans ses livres, elle partage son histoire dans ses propres mots. Grâce au travail de Phyllis, un simple chandail orange est devenu un moyen d'engager la conversation pour tous les aspects des pensionnats d'un bout à l'autre de l'Île de la Tortue.

Phyllis Webstad fait partie des Northern Secwépemc (Shuswap) de la Première Nation Stswecem'c Xget'tem (bande indienne de Canoe Creek). Elle habite avec son mari à Williams Lake, en Colombie-Britannique.

On peut souvent voir Phyllis avec ses petits-enfants sur les rives de la rivière Fraser au camp de pêche estival annuel de sa famille.

Karlene Harvey (illustratrice)
Karlene Harvey est illustratrice et écrivaine. Elle habite sur le territoire traditionnel non cédé des Musqueam, des Squamish et des Tsleil-Waututh. Elle est d'origine tsilhqot'in du côté de sa mère et syilx du côté de son père. Elle est aussi de descendance européenne mixte des deux côtés de sa famille. Elle a étudié les arts visuels au Emily Carr Institute of Art and Design et a obtenu une maîtrise ès arts en littérature anglaise à l'Université de la Colombie-Britannique. Elle se passionne pour diverses représentations dans ses illustrations et croit que raconter des histoires autochtones est une puissante forme de partage du savoir et de changement. En tant que fille d'une Survivante des pensionnats, Karlene a trouvé que travailler sur *Chaque enfant compte* était une expérience très signifiante.

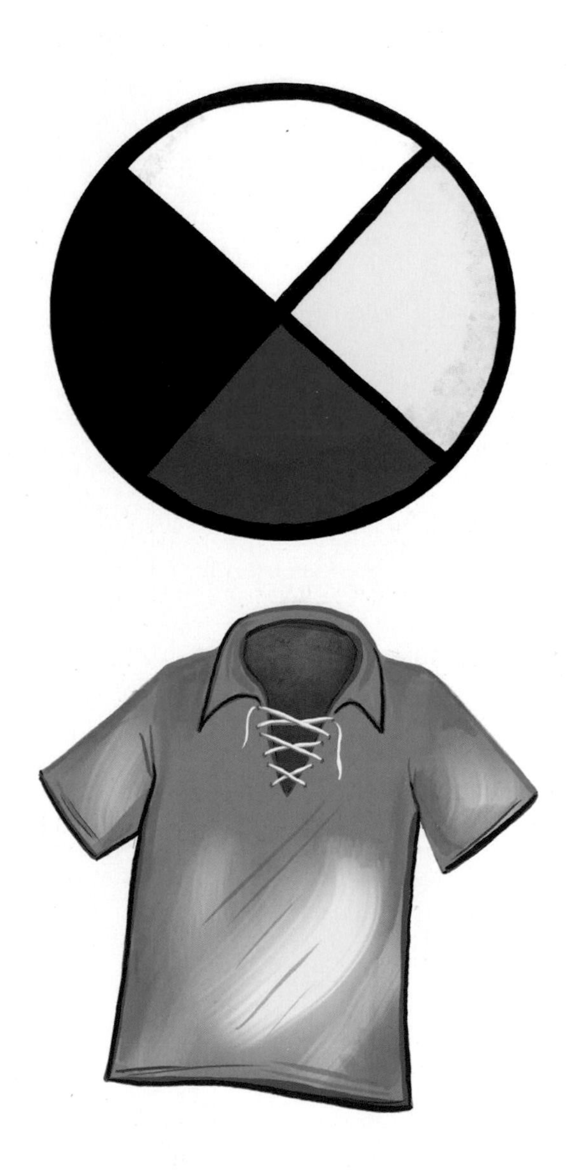

Glossaire

Chaque enfant compte en plusieurs langues autochtones :

Xwexwéyt re Stsmémelt	secwépemc
Łdakát adátx'i atxh sitee	lingít (tlingit)
Ts'ídāne dege lēgūt'ē	kaska
tahto awāsis ispihtēyihtākosiw	cri
ᑕᐦᑐ ᐊᐙᓯᐢ ᐃᐢᐱᐦᑌᔨᐦᑖᑯᓯᐤ	cri
Enso Binoojiinh Piitendaagzi	ojibwé
Kahkiiyow Lii Zaanfaan akishoowuk	michif du Sud
wə ƛ̓iʔ tə steʔəxʷəɬ tə mək̓ʷ wet	hən̓q̓əmin̓əm̓ (Musqueam)
ᓱᕈᓯᓕᒫᑦ ᐱᒻᒪᕆᐅᔪᑦ	inuktitut, dialecte du nord de la Terre de Baffin
U, XÁXE MEQ TŦE S<u>T</u>ELI<u>T</u><u>K</u>EŁ	SENĆOŦEN

Note concernant la langue utilisée dans la traduction :
Medicine Wheel Publishing a recueilli ces traductions auprès de locuteurs de langues autochtones ou de sources légitimes qui les ont utilisées dans leurs publications ou leurs organisations. Nous reconnaissons qu'il peut y avoir, au sein des langues autochtones, différentes variations dans l'orthographe et même les perspectives sur la manière de traduire « Chaque enfant compte ». Nous reconnaissons que beaucoup d'autres langues autochtones ne figurent pas dans ce livre.

Merci à tous les gens qui ont offert leur aide.

Aussi par Phyllis Webstad

Avec nos cœurs orange
anglais-français - 3-5 ans
Illustré par Emily Kewageshig
Livre jeunesse le plus vendu au Canada
en septembre 2022

Le chandail orange de Phyllis
anglais-français - 4-6 ans
Livre jeunesse le plus vendu au Canada
en septembre 2018

L'histoire du chandail orange
anglais-français - 7 ans et plus
Livre jeunesse le plus vendu au Canada
en septembre 2018

Derrière l'histoire du chandail orange
anglais-français - 16 ans et plus
BC Best-seller septembre 2021

ISBN: 978-1-77854-017-2
Pour plus d'information, visitez https://medicinewheelpublishing.com
Imprimé en RPC.
Nous reconnaissons le soutien du Conseil des arts du Canada.
Publié au Canada par Medicine Wheel Publishing.
Traduit de l'anglais par : Marie-Christine Payette

Financé par le gouvernement du Canada

Funded by the Government of Canada

Canada

Łdakát adátx'i
atxh sitee

Ts'ídāne
dege
lēgūt'ē

Xwexwéyt re
Stsmémelt

Enso Binoojiinh
Piitendaagzi

ᑕᐦᑐ ᐊᐋᐧᓯᐢ
ᐃᐢᐱᐦᑌᔨᐦᑖᑯᓯᐤ

ᓱᕈᓯᕐᓕᒫᑦ
ᐱᒻᒪᕆᐅᖁᑦ

Kahkiiyow
Lii Zaanfaan
akishoowuk

U, XÁXE
MEQ TŦE
ST̲ELIT̲K̲EŁ

Chaque
Enfant
Compte

wə ƛ̓iʔ tə
steʔəxʷəɬ
tə mək̓ʷ wet

tahto awāsis ispihtēyihtākosiw

Łdakát adátx'i
atxh sitee

Ts'ídāne
dege
lēgūt'ē

Xwexwéyt re
Stsmémelt

Enso Binoojiinh
Piitendaagzi

ᑕᐦᑐ ᐊᐋᐧᓯᐢ
ᐃᐢᐱᐦᑌᔨᐦᑖᑯᓯᐤ

ᓱᕈᓯᕐᓕᒫᑦ
ᐱᒻᒪᕆᐅᖁᑦ

Kahkiiyow
Lii Zaanfaan
akishoowuk

U, XÁXE
MEQ TŦE
ST̲ELIT̲K̲EŁ

Chaque
Enfant
Compte

wə ƛ̓iʔ tə
steʔəxʷəɬ
tə mək̓ʷ wet

tahto awāsis ispihtēyihtākosiw